LES
CANDIDATURES OFFICIELLES

PAR

ALBERT DE BROGLIE

DE L'ACADÉMIE FRANÇAISE.

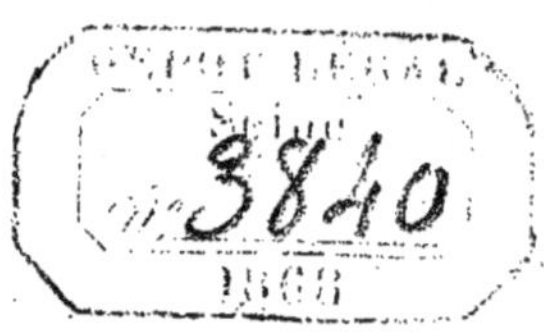

Extrait du CORRESPONDANT

PARIS

CHARLES DOUNIOL, LIBRAIRE-ÉDITEUR

29, RUE DE TOURNON, 29

—

1868

PARIS. — IMP. SIMON RAÇON ET COMP., RUE D'ERFURTH, 1.

LES CANDIDATURES OFFICIELLES

La dernière élection qui a dû combler une des vacances du Corps législatif a soulevé dans la presse, et principalement dans la presse religieuse, une assez vive altercation. L'un des concurrents se présentait sous le patronage du gouvernement, avec l'appareil de force et de pompe qui ne manque jamais aux candidats officiels ; l'autre marchait sous le drapeau de l'indépendance, mais ses opinions connues étaient de nature, à ce qu'il paraît, à inquiéter les consciences chrétiennes et catholiques. Quel choix devaient faire, dans cette alternative, les électeurs de principes indépendants, mais animés de convictions religieuses ? On conçoit que la question était délicate et pouvait fournir un thème à des arguments contradictoires.

Dans le nombre des considérations, toutes ayant leur part de vérité ou de vraisemblance, que le débat a suggérées, il en est une pourtant qui nous a frappé, comme allant droit à la solution et portant plus loin, sinon plus haut, que le sujet en question ; c'est celle-ci : si le candidat officiel avait pu offrir aux convictions religieuses de ses électeurs, sur quelques points capitaux qui les intéressent, une garantie qui lui fût propre, leur incertitude entre son rival et lui ou leur préférence en sa faveur, auraient eu leur explication. Mais par la nature même de sa qualité, l'élu du préfet ne pouvait leur fournir aucune caution de ce genre. C'est la condition de son état de ne pouvoir donner le gage d'aucune sécurité puisée dans son caractère personnel ou dans ses opinions, autre que celle qu'on peut trouver d'avance dans l'administration qui le présente. Voter pour lui, c'était donc voter pour l'administration purement et simplement, avec tout le passé que ce mot rappelle, et tout l'avenir qu'il fait pressentir. Restait donc l'unique question de savoir quel degré de confiance inspiraient sur des sujets chers à la conscience, soit ces pressentiments, soit ces souvenirs, et le candidat disparaissait tout entier derrière ses augustes patrons.

Ce qui s'est dit en matière religieuse est également vrai en toute autre. Toutes les fois que deux candidats sont en présence dans une élection, l'un officiel, l'autre indépendant, ce n'est point entre les deux personnes qu'il convient d'établir une comparaison : le concurrent officiel par lui-même, et jusqu'à preuve contraire, ne représente rien. Engagé, par la reconnaissance autant que par la sympathie, à suivre toutes les directions d'un pouvoir qui met à son service les forces dont il est armé, habituellement fidèle à cet engagement, menacé d'ailleurs d'un prompt abandon dès qu'il s'en écarte, ses opinions, ses intentions, ses professions n'ont aucune valeur qui leur soit inhérente. Électeurs, voulez-vous savoir quel usage il ferait de votre mandat, quelle résolution il prendrait en matière soit de diplomatie, soit de commerce, soit de marine, soit d'armée, soit d'instruction publique, en fait de développements ou de restrictions de nos libertés politiques, économiques ou religieuses? Ne l'interrogez pas lui-même, il n'a pas l'esprit assez libre pour vous répondre. C'est au gouvernement, pour bien faire, qu'il faudrait poser la question. Mais comme il est probable que le gouvernement ne nous répondrait pas à volonté, prenez ses actes au défaut de ses paroles, demandez-vous ce qui a été fait sur le point qui vous tient au cœur, et, si vous le pouvez, tâchez de deviner ce qui se fera. Si cet examen vous satisfait, votez pour le candidat qu'on vous présente. Le doute subsiste-t-il dans votre esprit? prenez vos précautions vous-même par le choix d'un mandataire qui puisse disposer de ses actes.

La question réduite à ces termes, la curiosité nous est venue de savoir sur quel point la réponse serait claire et de nature à contenter même un interrogateur peu difficile. Sur lequel des problèmes qui tiennent en suspens l'esprit public, la pratique connue de la politique officielle éclaire-t-elle assez ses décisions futures pour qu'un électeur puisse, en sûreté de conscience, lui donner avec le candidat à sa dévotion, le pouvoir en blanc qu'elle demande? La revue serait longue si elle était complète, mais même en se bornant à quelques têtes de chapitres, elle n'est pas moins instructive, et ce n'est pas notre faute si, mettant en regard les discours, les actes, même les projets de loi ministériels, des opinions, successivement contenues dans ces documents incontestables, sort une résultante indécise qui ne fournit à aucune conviction arrêtée, de quelque genre qu'elle soit, la garantie réclamée par un vote de confiance.

Prenons en première ligne et comme échantillon le sujet même qui a donné naissance à ces réflexions. Pour tous les électeurs qui portent dans la vie publique le souvenir de leurs convictions religieuses, la question capitale assurément (car plusieurs y croient leur conscience intéressée), c'est le maintien ou la déchéance du pouvoir temporel du souverain pontife à Rome.

Il y a à cet égard (tout le monde le sait, après dix ans d'un interminable débat) deux politiques bien tranchées. L'une considère la durée de cette souveraineté pontificale comme essentielle à l'indépendance de l'Église, au bon ordre de l'Europe, à la grandeur de la France et même de l'Italie. L'autre n'y voit qu'un débris des anciens âges, dernier vestige d'une théocratie surannée. Chacune de ces politiques a naturellement des moyens adaptés à sa fin. Qui veut maintenir le pontife roi, demande par là même à lui conserver un royaume suffisant pour subsister et se défendre, dans des rapports d'égalité tels avec les États qui l'environnent, qu'il ne reste pas à la merci du coup de main d'un puissant voisin. Qui veut, au contraire, le pape dépouillé de sa couronne et confiné dans le rôle de chef spirituel de l'Église, tend à constituer autour de Rome l'Italie en une grande monarchie unitaire, qui demeure comme un corps sans tête tant qu'elle n'a pas placé dans la ville éternelle le siége et le centre de son pouvoir.

Laquelle de ces deux politiques, l'une et l'autre si bien liées dans leur principe et dans leurs conséquences, peut se réclamer de la protection du gouvernement français? De laquelle, par conséquent, un candidat officiel peut-il être supposé l'organe? D'aucune exclusivement, de toutes deux également et successivement. Faisant un partage de ses préférences, on dirait qu'à l'une la politique française a voulu emprunter les moyens, à l'autre la fin; à l'une le chemin, à l'autre le but, et résoudre le problème de faire vivre le pouvoir temporel du pape, en lui laissant soutirer l'une après l'autre toutes les conditions de l'existence.

A la première de ces politiques, en effet, à celle qui veut maintenir et défendre le pouvoir temporel, appartiennent le premier et le dernier acte de l'intervention française en Italie, le traité de Villafranca qui non-seulement reconnaissait, mais voulait étendre le pouvoir du pape jusqu'à lui conférer la présidence inespérée d'une confédération italienne, et la résistance de Mentana, où l'armée française est venue prêter l'appui d'une invincible arrière-garde à l'élan spontané des défenseurs du Saint-Siége.

Mais à la seconde, à celle qui veut effacer de l'histoire future la souveraineté politique des papes, reviennent tout aussi légitimement tous les actes intermédiaires, tout l'espace parcouru, tout le temps écoulé entre ces deux points extrêmes : l'insurrection des légations explicitement reconnue par la France, moyennant compensation à son profit : la conquête des Marches et de l'Ombrie soufferte quand elle pouvait être empêchée, et enveloppée dans une amnistie générale par la reconnaissance du royaume d'Italie : cette longue tolérance, en un mot, accordée tantôt tout haut, tantôt tout bas, à la série d'agressions par laquelle le gouvernement de Victor-Emmanuel a réduit la souveraineté pontificale à n'être plus que l'ombre d'elle-même. Si la papauté temporelle, restreinte au tiers de ses États, pri-

vée à la fois d'hommes et de finances, est pourtant obligée, pour tenir
tête à la menace ouverte d'un voisin qui l'enserre de toutes parts,
de se tenir sur un pied militaire qui répugne à sa nature et épuise son
reste de vie ; — si, d'autre part, la possession de Rome est devenue pour
le gouvernement italien, engagé par trois votes de parlements succes-
sifs, une question d'honneur non moins qu'une nécessité vitale ; — on ne
peut nier que la patience du gouvernement français ait grandement
contribué à faciliter le passage à la série d'événements opposés dont
cette rencontre sans issue est le dernier terme. En sorte que s'il a
sauvé la souveraineté pontificale de la mort violente, il a laissé inocu-
ler, puis fermenter en elle, tous les germes d'un mal lent qui la dévore
en la consumant. S'il lui a porté aide à la dernière heure, il a attendu
sans bouger que ce secours *in extremis* fût devenu aussi insuffisant
qu'indispensable.

De ce passé incohérent aboutissant à un présent intenable, quel
est l'avenir qui peut sortir? Quand la conduite du jour détruit régu-
lièrement celle de la veille, quel pronostic former pour celle du lendemain? Je défie le candidat officiel le plus perspicace ou le plus téméraire de donner à cet égard à ses électeurs la moindre assurance.
Quand viendra le jour (et il ne peut tarder indéfiniment) où il faudra
régler le compte final entre Rome et l'Italie, quand il faudra choisir
tout de bon entre un royaume qui ne peut rester sans capitale,
et un prince qui ne peut vivre sans argent et sans sujets, je le défie
de soupçonner d'avance de quel côté penchera la dernière oscillation
de la balance. Quelque hypothèse qu'il forme sur la résolution défi-
nitive du gouvernement, il y a dans la série intermittente de ses ré-
solutions connues un précédent qui contrarie la conjecture, et un
précédent qui la favorise. Quel que soit l'événement critique qui
amène le dénoûment, il y a chance précisément égale pour que la
politique française le prenne en bonne ou en mauvaise part. Sera-ce
une de ces violations de traités si familières au gouvernement italien?
Nous avons laissé déchirer sans ouvrir la bouche la paix de Zurich,
et défendu les armes à la main la convention du 15 septembre. Une
troisième infraction pareille survenant, qui peut dire si elle nous trouvera dans le veine de l'humeur endurante ou dans un accès d'irritation
susceptible? Sera-ce une invasion à main armée faite par des bandes
régulières ou irrégulières? La diplomatie française peut à son choix,
sans se démentir, ou y conniver du coin de l'œil, comme à Castelfidardo,
ou y résister même au prix du sang de nos soldats, comme à Mentana.
Un bon candidat ministériel ne pénètre pas ce secret des dieux. Mais
il tient ses deux votes tout prêts pour les deux événements. Il doit se
préparer à donner des fonds pour ramener les troupes françaises de
Rome à Toulon en janvier, et d'autres fonds pour les renvoyer en
septembre de Toulon à Rome. En un mot, il doit tenir son âme dans
sa main et ses convictions en équilibre, pour les incliner à droite ou

à gauche, et les jouer à pair ou non, sur le caprice d'une volonté qu'il ignore, qui peut-être s'ignore elle-même, et qui change avec l'humeur du jour et le vent qui souffle.

Mais l'Italie et Rome elle-même, malgré sa grandeur, ne sont que des points sur la carte. L'entraînement qui a changé la face de la Péninsule n'a été que la première impulsion d'un mouvement qui se propage, la première application d'un principe qui se développe sur toute la surface du continent européen. C'est donc sur tout l'ensemble de la politique étrangère, sur l'état général des relations de la France avec les nations voisines ou rivales que la même question se dresse, suivie de la même incertitude dans les éléments contradictoires de la réponse, exigeant par conséquent du candidat fidèle et des électeurs qui le soutiennent le même acte de soumission mentale et de résignation plus que chrétienne.

Il y a encore ici, on le sait, sur ce champ plus vaste, deux politiques en présence. Il y a l'ancienne politique des cabinets européens, celle dont la monarchie de l'ancien régime avait jusqu'à hier encore transmis la tradition aux royautés et même aux républiques de fabrique plus nouvelle : politique non d'hostilité, mais de prudence, qui consiste non à opprimer ses voisins, mais à les surveiller, de crainte que par d'insensibles accroissements ils n'altèrent à leur profit la balance des forces, et, dans le cas toujours à craindre d'un conflit, ils ne fassent pencher d'avance en leur faveur, par le poids et la qualité supérieure de leurs armées, le sort des batailles. Il y a une autre politique d'origine plus récente et plus hardie dans ses aspirations : celle-là voit sans inquiétude l'agrandissement de ses rivaux, sous l'unique condition qu'avant d'être inscrits sur la carte, tous les changements de territoire seront appelés ou ratifiés par le vœu des populations; se fiant d'ailleurs, pour en prévenir toutes les conséquences, aux sentiments de concorde que fera régner entre les peuples affranchis la communauté des institutions libérales. Il y a, en un mot, la politique de l'équilibre diplomatique et la politique de la fraternité démocratique. Diverses qu'elles sont dans leur esprit, ces deux politiques s'accordant pourtant dans un désir commun, celui de ménager le plus précieux des intérêts de l'humanité, la paix qui garde le sang des peuples. Seulement, l'une pense que cette paix, toujours précaire, ne peut être fixée dans ses incertitudes que par une crainte salutaire qui tienne toutes les nations en échec, en sorte que, dans le monde moral comme dans le monde physique, le repos naisse de l'opposition des forces contraires. C'est l'application du vieil adage : *Si vis pacem, para bellum.* L'autre qui a l'entraînement, la candeur, et, je le crains bien, les illusions de la jeunesse, s'imaginerait volontiers que les précautions ne préviennent pas, mais engendrent plutôt les hostilités, et qu'en abaissant toutes les barrières qui séparent les peuples pour les abandonner aux influences pacificatrices de la civilisation et du commerce, ils ne tarderont pas à oublier dans un courant commun de liberté et de progrès leurs anciennes rivalités nationales. Défiance est mère de sûreté est la maxime qu'une des politiques emprunte au sens pratique des vieux âges. C'est à la confiance, au contraire, que cette garantie est demandée par les nouveaux conseillers de la sagesse populaire.

Ces deux politiques peuvent donc, en se combattant, se rendre mutuellement justice. Mais dans quel rang et dans quelle estime placer une troisième qui emprunte à l'ancienne tradition ses craintes, aux nouvelles inspirations leur confiance, et les unit dans un si singulier mélange qu'elle semble créer de ses deux mains aujourd'hui le danger dont elle doit s'épouvanter demain? Une politique qui favorise, provoque, sollicite l'agrandissement de ses rivaux, puis, cette grandeur une fois acquise, en prend tardivement ombrage et trahit sa jalousie rétrospective par la recherche puérile de compensations insignifiantes et par une ruineuse émulation de sacrifices? Une politique qui laisse croître tout le monde, excepté la France, puis demande à la France elle-même de se saigner d'hommes et d'argent, de tendre et de gonfler tous ses muscles pour regagner par un impuissant autant que douloureux effort l'avantage de terrain que chacun a pris sur elle?

Cette politique existe pourtant, et ses deux faces sont exprimées avec éclat par une succession d'actes qui se suivent sans se ressembler. Voici d'abord la lettre du 11 juin 1866, par laquelle un souverain de la France a invité son frère de Prusse à étendre ses États en arrondissant ses frontières. Suit, dans le même ordre d'idées, la dépêche fameuse de M. le marquis de Lavalette qui se félicite, le lendemain de la bataille de Sadowa, qu'un si bon conseil ait été sitôt suivi d'application. Puis vient, sans intermédiaire, la loi sur l'organisation de l'armée de janvier 1868, dont le but non déguisé est de mettre la force militaire de la France de niveau avec la puissance subitement accrue de ses voisins. Il faut bien croire que ces divers documents s'accordent entre eux, puisqu'ils émanent de la même pensée. Mais pour les faibles d'esprit, c'est un effort d'autant plus méritoire qu'il est ingrat de travailler à les concilier. Plus on rapproche les termes, plus s'accroît l'embarras de les faire marcher d'accord. Permettre d'abord, désirer même que la Prusse acquière, en un jour, quatre ou cinq millions de sujets nouveaux, et du même coup de filet jette d'avance le réseau sur huit ou dix autres; — trouver bon que la grande Allemagne étende ainsi un cercle de fer sur cette province septentrionale de France, que ne protége aucune défense naturelle et que soixante-dix lieues seulement séparent de la capitale; — sentir sans se troubler la pointe d'une épée dont la garde est à Berlin, qui s'avance vers le flanc découvert sous lequel palpite le cœur de la France; — aider à tous ces résultats quand ils se préparent et y applaudir quand ils sont obtenus ; — puis, une fois qu'ils sont consommés et irrévocables, s'aviser qu'ils ne sont pas sans péril et se mettre en frais et en défense comme si on se préparait à une lutte à mort pour les détruire ; — prodiguer alors l'argent en armements de troupes et en constructions de citadelles, rappeler les recrues libérées et enseigner à manier le fusil à toute la jeunesse ; — le lien logique et la conséquence qui unissent la première partie de cette conduite à la seconde ne sont pas aisés à découvrir.

C'est cette découverte pourtant qu'un bon candidat officiel, député sortant ou législateur en espérance, est tenu de faire pour décider ses électeurs à lui confier ou à lui renouveler leur mandat. Il faut qu'il explique soit l'adhésion uniforme qu'il a donnée à des mesures de couleur pourtant si disparate, soit la responsabilité commune qu'il assume par le patronage qu'il subit. Espérons donc que cette explication nous sera donnée dans les conditions les plus propres à en faire apprécier, savourer même tout le mérite. Souhaitons que pour la présenter avec éclat, le candidat officiel fasse usage du droit de réunion que la générosité d'une loi nouvelle nous a dispensé avec mesure. Quel plaisir n'éprouverait-on pas à le voir, dans une assemblée aussi nombreuse que possible, dans un lieu aussi peu clos et aussi peu couvert qu'il se pourra, prouver par raison démonstrative que la journée de Sadowa a été heureuse pour la France, — si heureuse qu'un emprunt de 400 millions de francs n'est pas excessif pour en payer les bienfaits ; — que l'état de choses qui en est sorti est avantageux à notre puissance en Europe, — si avantageux qu'une force armée de douze cent mille hommes n'est pas de trop pour en assurer le maintien ! Quel exemple salutaire, dans un temps de convictions molles comme le nôtre, que de l'entendre confesser ces vérités dures et d'une conception difficile avec cette foi sereine qui n'éclate jamais mieux que dans l'incrédulité publique — debout au milieu de sept électeurs bien pensants comme lui — tous l'humeur libre et le visage empreint d'une joie patriotique, mais tous ayant soin pourtant que le sourire gravé sur leurs traits ne prenne jamais, même par le plus imperceptible mouvement du coin des lèvres, l'air ni railleur, ni contraint !

Mais qu'on se garde pourtant, dans cette séance intéressante, de vouloir pousser la curiosité trop loin. Qu'aucun questionneur indiscret ne demande, par exemple, si ce qui s'est accompli en politique étrangère donne la mesure de ce qui doit se faire encore. Ainsi la grande Allemagne n'est point achevée. La politique française compte-t-elle laisser la Prusse englober dans son unité les derniers royaumes indépendants qui subsistent encore sur le continent germanique ? D'autres populations fermentent et d'autres grands États méditent des annexions du même genre. La politique française prêtera-t-elle son concours ou fera-t-elle obstacle à ces projets d'agglomérations encore en germe ? Voilà justement les questions qu'il ne faut pas faire : car elles n'ont pas de réponse possible. Il y a du pour et du contre, des caresses et des menaces en sens contraire. M. le marquis de Lavalette, dans sa dépêche, s'est montré favorable à toutes les agglomérations d'États sans distinction. Mais on dit que M. le marquis de Moustier fait mauvaise mine à celles qui se méditent sur les bords du Danube. Comment veut-on qu'un candidat bien élevé décide entre deux ministres du même titre et du même département, tous deux simples organes d'une pensée qui n'est pas la leur ? Toute préférence serait irrespectueuse : il n'est même pas poli de faire ressortir la différence. La seule chose dont nous puissions nous tenir pour assurés d'avance, c'est que si quelque grand État s'agrandit encore en Europe aux dépens de l'équilibre général, la France devra être invitée à rétablir entre les forces armées la proportion détruite, en s'imposant des soldats de plus et des contributions nouvelles.

Ce mot de contributions nous ramène des hauteurs de la politique générale vers des régions plus modestes placées plus à portée par conséquent du rôle borné que la constitution de 1852 assigne aux députés comme aux électeurs. Après tout, la diplomatie a toujours été la partie réservée, l'arcane du gouvernement. Si à ce caractère de secret d'État qu'elle a toujours eu, elle ajoute aujourd'hui celui d'un de ces mystères de foi dont la choquante apparence est faite pour humilier l'orgueil de la raison, on peut soutenir à la rigueur que la différence n'est que du plus au moins. Mais il n'en est pas de même de la fixation des impôts et du maniement des deniers publics. C'est là, en tout pays, même dans les institutions libérales les plus étroites, la part qui revient en propre à la représentation nationale, celle où tout citoyen a droit de regarder au fond pour voir clair, dont tout électeur a droit de demander et dont tout élu doit rendre compte. Pouvons-nous, du moins, en cette matière, si juste objet de la préoccupation publique, serrer avec le candidat officiel l'examen d'un peu plus près ? Pouvons-nous, je ne dis pas lui demander quels sont ses principes et ses projets en fait de finances (j'admets toujours qu'il n'en a pas de personnels), mais pouvons-nous au moins chercher avec lui dans les résultats acquis par dix-huit ans de politique financière, le motif de confiance qui doit nous permettre de joindre sur sa tête la confirmation populaire à la désignation administrative ? Malheureusement non. Car s'il n'a pas, en ce qui touche les finances, le même embarras que tout à l'heure : celui de mettre d'accord l'application successive ou simultanée de deux systèmes qui se contredisent, il rencontre du moins une théorie et une pratique si opposées entre elles, des prévisions si éloignées des réalités, qu'il ne pourrait guère s'associer aux unes sans accuser les autres, et que le plus prudent, pour un homme qui n'a pas le désir de se compromettre, c'est de pratiquer encore ici en s'abstenant, la maxime silencieuse du sage.

Il ne faut rien exagérer, en effet, ni surtout disputer aux inventeurs l'originalité de leur création. Il y a bien par le monde en circulation une théorie financière nouvelle, contemporaine du second Empire et qui doit son origine à l'un des soutiens les plus éclatants et les plus fidèles de cet établissement dynastique. Chacun la connaît, cette théorie aventureuse plus d'une fois développée dans la presse par la plume féconde de M. le duc de Persigny, sous cette forme d'abstraction métaphysique, que la fantaisie de ce singulier esprit affectionne. On pourrait l'appeler la théorie de l'emprunt pour lui-même, car elle consiste, pour la résumer en deux mots, à considérer les emprunts non comme la ressource extraordinaire et regrettable des cas imprévus, mais comme l'opération normale, le ressort habituel, le jeu régulier de la fortune publique. Dans cet ordre d'idées, qui ouvre à l'imagination une si vaste perspective, toute grande entreprise sociale doit être soldée ou lancée par un emprunt public. L'emprunt est le vrai moyen de mettre en valeur, par les mains fécondes de l'État, les capitaux qui dorment dans la société. Partant de là, toute recherche trop minutieuse pour mettre en équilibre dans un budget la recette avec la dépense, pour fournir aux charges courantes avec les revenus ordinaires, n'est plus qu'une préoccupation mesquine qui sent le ménage plus que la politique. L'emprunt est toujours de mise, dans les jours difficiles pour subvenir à la détresse du Trésor, dans les jours prospères, pour ouvrir un débouché au trop-plein de la richesse publique. Un excédant d'impôt est une déperdition de forces dont il faut se débarrasser au plus tôt par l'utile dérivatif d'un appel au crédit, où ces sommes superflues trouveront, sous forme d'intérêts à payer, leur emploi naturel. Il n'est même pas bien certain que le but rationnel des impôts ne soit pas uniquement de pourvoir aux arrérages des emprunts. Sur toutes choses, qu'on se garde de rembourser jamais un emprunt. C'est un bien acquis et irrévocable. L'amortir pour le restituer, ce serait rendre à la société des capitaux qu'elle laisserait consumer sans fruit et qui ne sont nulle part mieux placés que sous la garde de l'État.

Voilà la théorie tout entière dans des termes d'une nudité sincère que ne répudierait pas la franchise de son auteur. C'est là ce qu'il a appelé sans détour l'économie politique particulière et propre au nouvel empire[1]. Quelque haute que soit pourtant l'autorité qui patronne cette doctrine financière et quoiqu'elle ait obtenu à sa suite les honneurs du *Moniteur* — quelque séduction aussi qu'elle exerce sur les esprits, surtout en les délivrant des calculs minutieux de l'épargne, — je n'oserais pas encore conseiller à un candidat officiel de la développer dans sa circulaire, du moins sous cette forme d'une hardiesse ingénue.

[1] L'Empire qui a apporté avec lui tout un ordre d'idées nouvelles a aussi son économie politique à lui. Discours de M. le duc de Persigny, à Roanne, *Moniteur* du 10 mai 1864.

Outre qu'il courrait risque de rencontrer sur son chemin des préjugés non encore détruits, il dépasserait évidemment la permission dont il dépend et s'exposerait au désagrément d'un désaveu. Car la réhabilitation de l'emprunt, pris en soi, comme règle et non comme exception, comme but et non comme moyen, n'a pas jusqu'ici suffisamment acquis droit de bourgeoisie dans les documents officiels. Ni ministre, ni commission des finances n'y ont apposé leur estampille. Au contraire, toutes les pièces émanées de la rue de Rivoli ou du palais Bourbon portent toujours l'empreinte de la superstition de l'équilibre et caressent l'espoir de l'excédant. La prétention de mettre les charges de niveau avec les recettes se trahit encore par des efforts destinés quelquefois à réduire l'une des colonnes et plus souvent à élargir l'autre, tantôt par de timides essais d'économie, tantôt par de sérieux accroissements d'impôt. Bien plus, il y a même des jours où l'amortissement, un instant suspendu, reprend quelques signes de vie, et nous avons vu des ministres, dans un accès de confiance, se vanter d'avoir fermé pour jamais le grand-livre de la dette publique.

Nulle sûreté donc pour un candidat officiel à s'avancer à la suite des théoriciens de l'avenir dans les voies de la finance nouvelle. N'étant ni duc de l'empire, ni membre du conseil privé, cette témérité d'innovation ou cette franchise d'aveux ne lui serait pas permise. Mais serait-il beaucoup plus prudent à lui de se montrer trop fidèlement attaché aux vieilles traditions de l'équilibre, et de promettre, avec une ardeur inconsidérée, la réduction des dépenses publiques? J'en doute : car il y a des défis à l'évidence, et des engagements sûrs d'avance de n'être pas exécutés, que la convenance d'État exige peut-être des ministres en exercice, mais qui ne seraient pas tolérés chez d'humbles et simples citoyens. Or il est trop clair que si la glorification de l'emprunt est une doctrine encore désavouée en principe, elle triomphe dans l'application, et que, bannie du langage officiel, elle règne en souveraine dans les faits. Si l'équilibre est encore le Dieu de toutes les commissions du budget, c'est de plus en plus un Dieu inconnu, qui se paye d'hommages stériles. De seize exercices financiers déjà votés ou réglés par le gouvernement impérial, combien y en a-t-il qui, prévus en excédant ou arrêtés en balance, n'aient été soldés en déficit? combien de budgets, par conséquent, qui conçus et rédigés, d'après les théories financières d'autrefois, n'aient été en fait appliqués et dépensés d'après les nouvelles? Le résultat de cette transformation qui n'a jamais manqué, nous l'avons appris l'autre jour dans un écrit nerveux, dont le mérite principal est celui d'une addition bien faite[1]. Sur trente et un milliards, dépensés dans ces seize années, vingt-cinq et demi seulement ont été couverts par les recettes régulières. Le reste (cinq milliards et demi) ont été demandés à

____

[1] *Le Bilan de l'empire,* par M. Horn.

l'extraordinaire, en d'autres termes à l'emprunt. Voilà le bilan des
seize années. Cinq milliards d'emprunt en seize ans ! M. de Persigny
serait bien exigeant s'il avait rêvé davantage, et une telle consécration
pratique vaut mieux pour l'honneur de son système que toutes les
adhésions théoriques du monde. La seule chose qu'il puisse regretter
ou reprocher, c'est que de ces cinq milliards, ainsi prélevés sur
l'épargne publique et rejetés du présent sur l'avenir, un peu plus de
deux seulement et pas tout à fait trois aient fait leur entrée sur la
scène, hardiment, par la grande porte, comme il convient à l'application d'un système qui n'a pas peur de lui-même, sous la forme
d'une souscription publique suivie d'une inscription de rentes. Le
reste s'est glissé timidement par des voies détournées, égrenées en
petites sommes de 80 ou 100 millions tout au plus, pour apurer
les comptes de profits et pertes de chaque année, se déguisant,
afin de passer inaperçues, sous des noms inintilligibles et presque
barbares : obligations trentenaires, soultes de conversion, renouvel-
lement du privilége de la Banque, consolidation des fonds de la dota-
tion de l'armée. Artifices ingénieux mais impuissants, à la faveur
desquels l'emprunt, comme le Protée de la fable :

> Sous diverse figure, arbre, flamme, fontaine,
> S'efforce d'échapper à la vue incertaine
> Des mortels indiscrets.

jusqu'à ce que, serré par quelque vigoureux lutteur, comme l'auteur
de l'écrit que je signalais tout à l'heure, et secoué par l'étreinte de
sa logique, il soit contraint de montrer au jour ses traits connus et
son vieux visage.

Mais, encore un coup, le candidat officiel ne peut être cet exécuteur
hardi, qui lève les masques et appelle les vérités par leur nom, et
tant qu'il convient à l'emprunt de garder l'anonyme, il est tenu de
respecter cet incognito. Que faire donc quand les principes professés
vont ainsi dans un sens, et les actes dans la direction tout opposée,
pour ne point démentir des paroles qu'on veut respecter, et n'être
point démenti soi-même par des réalités trop évidentes ? Ne rien faire,
ne rien dire, s'il se peut, ne rien penser ; être sobre de principes et
plus encore de promesses, et n'avoir, même intérieurement, d'autre
intention que de voter tout ce qui sera proposé, aussi bien l'accroissement d'impôt qui doit rétablir l'équilibre, que l'accroissement
de dépense qui doit le détruire ; aussi bien l'amortissement qui pré-
tend réduire la dette, que l'emprunt nouveau qui va l'augmenter,
et se fier pour balancer le compte sur le hasard, l'avenir, la patience
des générations futures et la fortune de la France.

Si telle est la réserve imposée au bon candidat dans l'exercice
légitime des prérogatives existantes, on juge qu'elle devient encore
plus sévèrement obligatoire quand il s'agit de se prononcer sur la

tentative audacieuse de réclamer de nouveaux droits. Il serait donc presque dérisoire de demander quelles espérances ou quelle lumière le favori de l'administration pourrait nous donner sur la vraie, la capitale question du jour, celle dont dépend toute la destinée future de la France : à savoir, si le temps ne serait pas venu de donner à l'édifice politique de 1852 le fameux couronnement qui lui est promis, en agrandissant la part d'influence faite à la représentation nationale et la dose de nos libertés intérieures. C'est là, ah! c'est là surtout que le terrain brûle, et qu'il faut éviter de l'effleurer même du bout du pied; car de récents exemples enseignent que, sur ce point sensible entre tous, les meilleures intentions ne suffisent pas, les plus belles apparences sont trompeuses, et que quoi qu'on fasse, si peu qu'on parle, dans quelque sens qu'on se prononce, un fidèle député n'est jamais sûr de ne pas déplaire et de ne pas se voir traiter, tour à tour et à l'improviste, ou de novateur téméraire ou de rétrograde inintelligent.

Voyez seulement combien ces exemples contraires sont instructifs et menaçants. Il y a deux ans (pas davantage), quelques députés, presque tous sortis de l'orthodoxie ministérielle, et tenus par les mains des préfets sur les fonts du baptême électoral, se mettent en tête qu'après quinze ans d'un règne paisible le souverain lui-même pourrait trouver plaisir à rendre à la France quelques-unes des libertés qu'elle a possédées et perdues. Leurs prétentions sont modestes autant que leur ton est modéré. Présence des ministres dans les Chambres, droit limité d'interpellation, droit de réunion en temps électoral, suppression pour la presse de l'autorisation préalable et de la juridiction administrative, ces quatre points résument tous leurs désirs, et sont présentés par eux sous la forme d'un vœu plutôt que d'un vote, et d'une pétition filiale plus que d'une proposition législative. Vaines précautions! Ni la modestie du fond ni la modération de la forme ne trouvent grâce devant le déplaisir ministériel. Les quatre pétitions libérales, à peine mises au jour, sont dénoncées par le ministre d'État lui-même, confident attitré de la pensée suprême, comme attentatoires aux institutions de l'empire et au bon ordre de la société. Devant cette déclaration énergique, le faible bataillon des progressistes s'ébranle, et, le moment du scrutin venu, trente à peine méritent d'être désignés par le ministre irrité *comme une avant-garde hâtive et téméraire, que son élan imprudent emporte jusque dans les rangs des ennemis*[1].

Voilà le danger d'être trop pressé en matière de progrès libéral. Mais prenez garde, le péril inverse n'est pas moindre, et le tort d'être trop tardif n'est pas suivi d'un châtiment moins prompt. C'est ce que la suite a bientôt démontré. Un an se passe, en effet, et l'écho

[1] Discours de M. Rouher dans la discussion de l'adresse de 1866.

de cette discussion mémorable n'est point encore effacé, que, subitement et sans préparation, les quatre points (oui, les mêmes sans exception), si sévèrement qualifiés par le discours ministériel, sont accordés et promis par une lettre impériale. Les ministres arrivent aux Chambres, leurs portefeuilles sous le bras, prêts à répondre aux interpellations qu'on leur adresse et porteurs de lois qui suppriment, pour les réunions et pour la presse, tout ou partie des rigueurs administratives. Devant ce revirement de front inattendu, quelques esprits, moins flexibles dans leurs mouvements, hésitent et se troublent, faiblesse bien naturelle et qui méritait peut-être quelque indulgence. Mais M. le ministre d'État n'en juge point ainsi, et c'est lui encore qui se lève pour gourmander les incertitudes. Diverse est la cause qu'il défend, contraire l'argument qu'il emploie ; mais l'éloquence est la même et le même effet la suit. Quand le vote est proclamé, sept unités dissidentes seulement ont la honte et le regret de compter leur petit nombre.

Qu'il est donc difficile d'arriver à point, ni trop tôt ni trop tard, pour ne point tomber dans la compagnie suspecte des trente impatients ou des sept retardataires ! le seul moyen assuré est de n'avoir aucune opinion d'aucune espèce sur le progrès des libertés publiques, et de ne les combattre à l'heure présente qu'avec la réserve intérieure de les admettre, s'il le faut, à l'heure qui va venir. Demande-t-on, par exemple, si la responsabilité ministérielle doit être regardée comme conforme ou comme contraire aux lois de l'empire? Selon ; en ce moment il paraît encore qu'elle y est contraire, mais un an d'attente et de réflexion pourrait faire reconnaître qu'elle y est conforme. Et le jury pour les délits de la presse, peut-il concilier les droits de l'écrivain et l'intérêt de la sécurité publique? C'est à savoir : le *Moniteur* de janvier 1868 en a très-bien démontré les inconvénients ; mais qui sait? le *Moniteur* de mars ou d'avril 1869 en découvrira peut-être les bienfaits. Tout est ici affaire de date : l'essentiel est de partir au commandement, et pour l'attendre sans le devancer, la vraie position c'est celle du soldat sans armes, les mains pendantes le long du corps et le regard fixé dans le vide, aussi préparé à s'avancer en ligne qu'à tourner par le flanc. Voilà le symbole tout trouvé d'un représentant docile, et les futurs instructeurs de la garde nationale mobile ne sauraient prendre trop de soin d'en graver, par un exercice assidu et une représentation sensible, l'image dans le cerveau de la jeunesse.

Mais la question est de savoir combien de temps la France elle-même voudra se reconnaître dans cette muette et inerte image. Cette France si fière autrefois de sa vivacité généreuse, la France de 1789, unanime dans un impétueux essor vers la justice et l'indépendance ; la France de 1830, ardente jusqu'à l'imprudence dans la revendication de ses franchises constitutionnelles ; la France de 1848, si âpre à la défense de ses intérêts compromis, est-ce bien elle, est-ce bien ce peuple dont le génie passionné a soulevé le monde, qui pourrait accepter indéfiniment pour le programme de sa future représentation politique la contradiction dans le passé, l'inconnu dans l'avenir, c'est-à-dire les ténèbres dans l'intelligence, et dans la conscience le néant? Gloire, liberté, richesse, tout cet héritage séculaire qui forme son patrimoine national, sont-ils si peu de chose à ses yeux, qu'elle en abandonne la direction tout entière au tremblement d'une main indécise, sans se réserver pour elle-même et pour les députés qu'elle charge de parler en son nom, ni un vœu à émettre, ni une précaution à prendre, ni même une curiosité à satisfaire? C'est aux électeurs qui la constituent, au suffrage universel qui est son organe, à nous dire dans une prochaine épreuve si effectivement elle a renoncé non-seulement à conduire, mais même à comprendre et à connaître sa destinée; si désormais le pour et le contre, le blanc et le noir, la paix et la guerre l'accommodent également, découragée qu'elle est de former un désir, de crainte d'avoir à le faire suivre d'un effort. Si telle est, en effet, la faiblesse sénile qui s'est emparée d'elle, si les secousses répétées des révolutions ont répandu jusqu'au fond de son être cette langueur pareille au malaise écœurant que causent les balancements d'un navire, elle fait bien, en ce cas, de conserver et même de consacrer une fois de plus les candidatures officielles, car c'est là qu'elle trouvera ses vrais et ses fidèles représentants. Mais si elle n'a pas encore à ce point désespéré d'elle-même, qu'ils se lèvent alors, pour répondre à son appel ou pour le provoquer, tous ceux qui n'ont point renoncé à avoir sur les plus chers intérêts de l'État et les droits les plus sacrés du citoyen, une pensée qui leur soit propre et un sentiment qui leur appartienne, tous ceux que n'a point atteints la contagion mortelle d'une servile indifférence. Dans quelque parti qu'ils soient nés, et quelles que soient les dissidences qui les séparent, ils peuvent honorablement se rencontrer sur le terrain de l'indépendance, où tous les caractères fermes prennent leur point d'appui, aux sources de la conscience, où toutes les convictions sincères puisent leur inspiration. D'ailleurs, fussent-ils adversaires déclarés sur des points même importants, ils ne seront jamais plus éloignés les uns des autres que ne diffèrent entre eux, dans leur brusque succession, les actes de la politique irrésolue dont les candidats officiels sont obligés, d'heure en heure, d'accepter et de concilier les indécisions et les contrastes. Mieux vaut cent fois, pour la dignité d'une assemblée et pour la sécurité d'un État la division que la confusion. Mieux vaut l'opposition de partis tranchés que la lutte éclaire ou contient, qu'une silencieuse unanimité couvrant de son imperturbable adhésion le mélange incohérent de tous les systèmes.